MÜNCHNER STUDIEN
ZUR
SOZIAL- UND WIRTSCHAFTSGEOGRAPHIE

in

MÜNCHNER UNIVERSITÄTS-SCHRIFTEN

Staatswirtschaftliche Fakultät

MÜNCHNER STUDIEN ZUR SOZIAL- UND WIRTSCHAFTSGEOGRAPHIE

Herausgegeben

von

KARL RUPPERT FRANZ SCHAFFER

Wirtschaftsgeographisches Institut der Universität München

Schriftleitung: Dr. J. Maier

BAND 9

Geographische Aspekte kommunaler Initiativen im Freizeitraum

– der „Verein zur Sicherstellung überörtlicher Erholungsgebiete in den Landkreisen um München e. V." als Beispiel

von

J. Maier und K. Ruppert

VERLAG MICHAEL LASSLEBEN KALLMÜNZ/REGENSBURG

1974

Alle Rechte vorbehalten
Ohne ausdrückliche Genehmigung des Verlages in Übereinkunft mit dem Herausgeber ist es nicht gestattet, das Werk oder Teile daraus nachzudrucken oder auf photomechanischem Wege zu vervielfältigen.
© 1974 by Verlag Michael Laßleben, Kallmünz/Regensburg

Anfragen bezüglich Drucklegung von wissenschaflichen Arbeiten, Tauschverkehr usw. sind zu richten an
Prof. Dr. K. Ruppert, Wirtschaftsgeographisches Institut der Universität München, Ludwigstr. 28
Bestellung einzelner Arbeiten oder der ganzen Schriftenreihe nur beim Verlag oder durch den Buchhandel.

ISBN 3 7847 6509 2

Satz und Druck: Buchdruckerei Michael Laßleben, Kallmünz über Regensburg

INHALTSVERZEICHNIS

K. Ruppert	Vorwort	7
J. Maier und K. Ruppert	Geographische Aspekte kommunaler Initiativen im Freizeitraum Der „Verein zur Sicherstellung überörtlicher Erholungsgebiete in den Landkreisen um München e. V." als Beispiel	9
	Wissenschaftliche Veröffentlichungen aus dem Wirtschaftsgeographischen Institut der Universität München (Stand: 1. 5. 1974) zum Thema: Geographie des Freizeitverhaltens	29
	Dissertationen zum Thema: Geographie des Freizeitverhaltens	32

VORWORT

Im Rahmen der Arbeiten des Wirtschaftsgeographischen Institutes zur Geographie des Freizeitverhaltens wird hiermit eine weitere Teilstudie vorgelegt, die besonders die kommunalen Initiativen im Naherholungsraum betrifft. Die Autoren, Prof. Dr. Karl Ruppert und Akad. Rat Dr. Maier, danken dem Geschäftsführer des „Vereins zur Sicherstellung überörtlicher Erholungsgebiete in den Landkreisen um München e. V.", Herrn Verwaltungsrat Strunz, für zahlreiche Auskünfte und freundliche Unterstützung bei der Durchführung dieser Studie.

Unser Dank gilt ebenso Herrn Landrat Dr. Gillessen und dem „Verein" für die Unterstützung bei der Drucklegung.

Das breite Interesse, das in letzter Zeit den wissenschaftlichen Arbeiten zur Geographie des Freizeitverhaltens entgegengebracht wird, bot außerdem den Anlaß, eine Übersicht der Publikationen von Mitgliedern des Wirtschaftsgeographischen Instituts zu diesem Thema anzufügen.

Karl Ruppert

GEOGRAPHISCHE ASPEKTE KOMMUNALER INITIATIVEN IM FREIZEITRAUM

DER „VEREIN ZUR SICHERSTELLUNG ÜBERÖRTLICHER ERHOLUNGSGEBIETE IN DEN LANDKREISEN UM MÜNCHEN e. V." ALS BEISPIEL

von J. Maier und K. Ruppert

I. Die Schaffung von Erholungsgelände — eine aktuelle Notwendigkeit

In der gegenwärtigen Entwicklungsphase der Industriegesellschaft nimmt die Bedeutung der Freizeit immer mehr zu und damit auch ihr Anspruch an die Gestaltung unserer Umwelt. So ist es nicht weiter verwunderlich, daß in jüngster Zeit auch die Zahl geographischer Arbeiten wächst, die sich mit den raumwirksamen Auswirkungen des Freizeitverhaltens beschäftigen. Waren es zunächst vor allem Studien über den Fremdenverkehrsbereich, die aufgrund deutlich sichtbarer Auswirkungen im Gebirge oder an der Küste bzw. in Kurorten durchgeführt wurden, so zeigt sich seit einigen Jahren auch eine vermehrte Aufmerksamkeit gegenüber den Erscheinungen des Naherholungsverkehrs.

Es liegt auf der Hand, daß diese Untersuchungen vor allem das Umland großer Städte betreffen, spielen doch die Verdichtungsräume als Quellgebiete eine besonders wichtige Rolle. Wenn auch die Reichweiten dieser speziellen Form des Freizeitverhaltens in manchen Fällen stark vergrößert wurden, so liegt doch der Schwerpunkt dieser Freizeitaktivität nach wie vor in einem überschaubaren Bereich in der Nähe der städtischen Zentren. Der Begriff „Naherholung" behält damit im Kern seine Berechtigung, insbesondere wenn man darunter die „zeitliche Nähe" versteht.

Die steigende Beteiligung der Bevölkerung am Naherholungsverkehr überschreitet schon seit einiger Zeit bei größeren Agglomerationen den Wert 30 %. Nach neueren Untersuchungen des Wirtschaftsgeographischen Institutes wird dieser Anteilswert auch schon von kleineren Siedlungen bei bestimmter Lage im Urbanisierungsfeld erreicht. Diese Entwicklung stellt die Kommunen immer mehr vor die drängende Frage, wie auf die Anforderungen dieses Teilbereiches der Grundfunktion „Freizeitverhalten" reagiert werden könne. Mehr noch, die zahlreichen, neu auftretenden Probleme (Verkehr, Versorgung usw.) verlangten dringend nach einer intensiven Planung der Infrastruktur im Freizeitraum.

Die Notwendigkeit zur Schaffung von Erholungsgelände wurde demzufolge auch zuerst in der Nähe großstädtischer Agglomerationen erkannt. Zweckverbände, Regionale Planungsgemeinschaften — unterstützt von Forstbehörden — u. a. boten eine erste Antwort. Als eine der frühesten Initiativen ist sicherlich die Tätigkeit des „Vereins zur Sicherstellung überörtlicher Erholungsgebiete in den Landkreisen um München e. V." (im folgenden kurz „Verein" genannt) zu verzeichnen. Gerade in Bayern sind in den letzten Jahren eine Reihe von Aktivitäten aus landesplanerischer Sicht deutlich geworden, die auch eine finanzielle Unterstützung durch das staatliche Programm „Freizeit und Erholung" fanden. Die Landschaft erhält auf diese Weise neue Elemente, die eine geographische Betrachtung erfordern. Ebenso sollen die nachfolgenden Ausführungen dazu dienen, die wachsende Zahl der Untersuchungen aus dem Bereich einer Geographie des Freizeitverhaltens[1] durch die Darstel-

---

1) Aus der Reihe vorliegender Untersuchungen sei nur auswahlweise hingewiesen auf
Borcherdt, Chr., Die Wohn- und Ausflugsgebiete in der Umgebung Münchens, Eine sozialgeograph. Studie, in: Berichte z. dt. Landeskunde, 19. Bd., 1957, H. 2, S. 181—187;

lung bestimmter Infrastrukturmuster, die aufgrund kommunaler Initiativen im Naherholungsbereich von München entstanden sind, zu ergänzen.

Die Region München ist für ihren hohen Freizeitwert bekannt. Eine Voraussetzung dafür bildet die Ausformung der landschaftlichen Umgebung mit dem vielfältigen Wechsel von kleinräumigen Formen und Nutzungsmustern. Wie aus zahlreichen Untersuchungen bekannt ist, spielen die Wasserflächen eine wichtige Rolle für Freizeitaktivitäten, die sich in Zukunft wahrscheinlich noch verstärken wird[2]. In der Umgebung von München stehen neben der wachsenden Zahl von Hallenbädern in den Regionsgemeinden, vor allem Wasserflächen im glazial überformten Bereich und in Form neu gestalteter Kiesgruben zur Verfügung. Innerhalb des Stadtgebietes besitzen zwar die 9 Frei- und 5 Hallenbäder mit ihren rund 3 Millionen Besuchern/Jahr eine nicht unbedeutende Funktion für das Freizeitverhalten im Wohnumfeld, jedoch reicht ihr Angebot bei weitem nicht aus. Dieser Sachverhalt wird besonders sichtbar, wenn man den zunehmenden Freizeitansprüchen der wachsenden Bevölkerung die verstärkte Siedlungserweiterung gegenüberstellt. In ihrer Folge tritt neben einer Erschwerung des Zugangs zu den Seen (zunehmende Uferverbauung) häufig auch eine Minderung der Eignung des Wassers für die Freizeitnutzung auf. Die Lage der Seen und die dadurch mitbestimmte asymmetrische Ausformung des Münchner Naherholungsraumes nach Süden bringen auch erhebliche Probleme im Verkehrsbereich mit sich.

Bevor von staatlicher Seite eine Gesamtkonzeption für das Land Bayern vorgelegt werden konnte, wurde in der Region München von kommunaler Seite, vor allem durch den 1965 gegründeten „Verein" die Initiative ergriffen, wobei angemerkt werden soll, daß die Stadt München schon 1958 ein Ufergrundstück am Starnberger See erworben hatte und zu einem Erholungsgelände ausbauen ließ. Die große Bedeutung des „Vereins" wird andererseits dadurch sichtbar, daß er durch seine Tätigkeit nicht nur im Umland von München neue Strukturmuster im Feizeitraum geschaffen, sondern durch sein Beispiel auch in anderen bayerischen (z. B. in Augsburg, Erlangen, Kempten, Ingolstadt, Nürnberg, Regensburg und Würzburg) und außerbayerischen Gebieten zu ähnlichem Vorgehen angeregt hat[3].

Die bisher verwirklichten Projekte (vgl. Tab. 4 bzw. Karte 1) des „Vereins" bieten durch ihre unterschiedliche Lage und Funktion einen guten Ansatz für eine geographische Untersuchung[4]. Der finanzielle und organisatorische Schwerpunkt der Projekte des Vereins liegt im sog. „Vier-Seen"-Gebiet im Süden und Südwesten von München, das schon nach unseren Untersuchungen aus dem Jahre 1967 und 1968 zu den bedeutendsten Naherholungszielen der Münchner Bevölke-

---

Brendel, R., Das Münchner Naherholungsgebiet im Bereich des Ammersees und des Starnberger Sees, Diss. am Wirtschaftsgeographischen Institut der Universität München unter Leitung von Prof. Dr. K. Ruppert, München 1967;

Maier, J., München als Fremdenverkehrsstadt, in: Mitt. d. Geograph. Ges. München, Bd. 57, 1972, S. 52—92;

Ruppert, K. u. Maier, J., Naherholungsraum und Naherholungsverkehr, in: Bd. 6 d. Münchner Studien zur Sozial- u. Wirtschaftsgeographie, Kallmünz/Regensburg 1970, S. 55—78 sowie

Witzmann, K., Maßnahmen zur Erhaltung des Erholungsgebietes im Großraum München, in: Informationen, 14. Jg., 1964, H. 22, S. 785—801.

2) Vgl. u. a. Mathias, W. u. Matthes, U., Die Landschaft als Erholungs- und Freizeitraum im Einzugsgebiet der Städte, in: Der Landkreis, 1972, H. 8/9, S. 332.

3) Aus der Vielzahl von Publikationen des Geschäftsführers des Vereins, Herrn Verwaltungsrat E. Strunz, sei nur auf einzelne, neuere Publikationen hingewiesen, z. B.
Neue Erholungsgebiete im Großraum München, in: Natur und Landschaft, 44. Jg., 1969, H. 10, S. 284—286;
Erholungsgebiet Kranzberger See — Planung und Ausbau, in: Natur und Landschaft, 45. Jg., 1970, H. 9, S. 236—239;
Erholungsgebiet Karlsfelder See, Planung — Ausbau — Betreuung, in: Natur und Landschaft, 48. Jg., 1973, H. 4, S. 99—102.

4) Von den bei der Gründung des „Vereins" vorgeschlagenen Gebieten fehlen zur Realisierung nur noch: der bereits teilweise ausgebaute Geiselbullacher See, das Ammersee-Nordwestufer, der Notzinger Weiher bei Erding, der ebenfalls teilweise erschlossenen Stein- und der Kastensee zwischen Glonn und Moosach im Osten Münchens, sowie die Isarauen zwischen München und Freising bzw. das südliche Isartal, wobei allerdings am Beispiel der letzten beiden Gebiete zu prüfen ist, ob sie als Ruhezonen überhaupt erschlossen werden sollten.

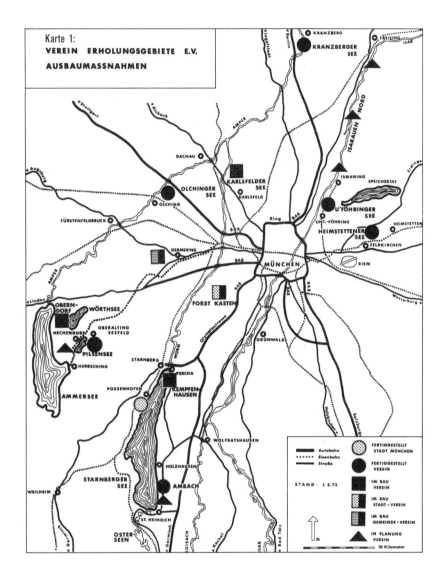

Karte 1:
VEREIN ERHOLUNGSGEBIETE E.V.
AUSBAUMASSNAHMEN

rung zählte. Hier dürften sich im Sommer an schönen Wochenendtagen zwischen 100—150 000 Erholungssuchende allein aus München aufhalten. Führt man zur Kennzeichnung der vorhandenen Wasserflächen für Freizeit und Erholung in der Region München noch ergänzend das Gebiet des Langwieder und Olchinger Sees bzw. die Amperauen (zw. 2—4 000 Personen aus München) oder das Isartal bis Schäftlarn an, so zeigt sich, daß die Projekte des Vereins zunehmend zu einer dominanten Kraft der Angebotsgestaltung wurden. Neben der bereits erwähnten grundsätzlichen Frage nach der Konzeption dieser planerischen Initiative wird es vor allem auch um eine Erfassung der Angebots- und Nachfragestruktur gehen und damit um eine Überprüfung der in unserer Quellgebietserhebung 1968 aufgestellten Thesen gruppenspezifischer Präferenzen und Sortierungen für bzw. nach einzelnen Teilgebieten.

II. Neu gestaltete Seeufer und Baggerseen in der Region München

1. Das räumliche Angebotspotential

Um neben der Analyse der Besucher ausgewählter Erholungsflächen auch deren Auswirkungen im Zielgebiet erfassen zu können, wurden zahlreiche Erhebungen im Gelände durchgeführt [5]. Zum Verständnis der heutigen Situation sollen ferner noch einige Hinweise über die Entwicklung der einzelnen Standorte der Erholungsflächen beigefügt werden.

a. Zur Entwicklung der planerischen Aktivitäten des „Vereins"

Der zunehmende Bedarf an Erholungsflächen veranlaßte die Stadt München 1958 mit dem Ankauf eines Ufergrundstücks in Possenhofen am Starnberger See einen ersten Schritt zur Schaffung von Freizeitflächen zu tun. Neben den 5,8 Mill. DM für den Erwerb wurden bis 1968 weitere 2,5 Mill. DM für die Gestaltung ausgegeben, um auf 153,5 ha Erholungsmöglichkeiten für 10—15 000 Besucher zu schaffen. Neben der großen Bedeutung der Einwohner Münchens für die Gestaltung des Freizeitraumes in der Region München zeigte es sich jedoch im Laufe der Jahre, daß eine längerfristige Lösung — verbunden mit dem Ziel einer gewissen regionalen Entflechtung des nach Süden gerichteten Naherholungsstromes — nur gemeinsam mit anderen Gemeinden und Landkreisen entwickelt werden konnte. Das überaus starke Anwachsen der Nachbargemeinden mit kaum geringerer Naherholungsbeteiligung verstärkte noch das regionale Denken. Jedoch wurden bisher noch lange nicht alle betroffenen Gemeinden bzw. Landkreise in die Initiativen des Erholungsflächenvereins einbezogen [6].

Am 1. Januar 1973 zählte der Verein 35 kommunale Gebietskörperschaften zu seinen Mitgliedern. Nach den von der Mitgliederversammlung zustimmend behandelten Beitrittsanträgen der Gemeinden Breitbrunn, Garching, Grasbrunn, Herbertshausen, Odelzhausen, Ottobrunn, Unterhaching und des Marktes Indersdorf gehören ab 1. Januar 1974 43 kommunale Gebietskörperschaften dem Verein als Mitglieder an:

— die Landeshauptstadt München,
— die Landkreise Bad Tölz-Wolfratshausen,
  Dachau,
  Freising,
  Fürstenfeldbruck,
  München und
  Starnberg,
— der Bezirk Oberbayern und
— 35 kreisangehörige Gemeinden, davon 17 aus dem Landkreis München, 9 aus dem Landkreis Starnberg, 4 aus dem Landkreis Dachau, 3 aus dem Landkreis Füestenfeldbruck und je 1 aus den Landkreisen Bad Tölz-Wolfratshausen und Freising (vgl. Tab. 1).

Für diese 43 Mitglieder betragen die satzungsgemäßen Mitgliedsbeiträge im Jahre 1974 DM 2 193 908,50 mit folgender prozentualer Gliederung (Stand: 1. 3. 1974):

— Landeshauptstadt München   62,2 %
— Landkreise   30,7 %
— Gemeinden   4,6 %
— Reg.bez. Oberbayern   2,5 %

Gegenüber dem Jahre 1973 erhöhte sich damit das satzungsgemäße Mitgliedsbeitragsaufkommen um DM 55 816,75. Die Beitragshöhe beträgt für die Stadt München, die neben ihrem Mitgliedsbeitrag auch als zusätzliche Leistung den Geschäftsführer und eine Verwaltungsstelle (ca.

---

[5] Bei der empirischen Durchführung der Studie konnten die Verfasser auf eine Reihe von wissenschaftlichen Hilfskräften zurückgreifen, so wurde die Angebotsseite vor allem von Pfister, G., Kommunale Initiativen im Freizeitraum, unveröffentl. Zul.-Arbeit am Wirtschaftsgeographischen Institut der Universität München unter Leitung von Prof. Dr. K. Ruppert, München 1972 bearbeitet.
Die Besucherstruktur wurde im Juni/Juli 1972 im Rahmen des Proseminars für Verkehrsgeographie von mehreren — von Dr. J. Maier betreuten — Studentengruppen analysiert, wobei insbes. J. Bauer, U. Dangl, H. Esterhammer, P. Mayer, M. Thomas-Bertzel und W. Wagner beteiligt waren. Die entsprechenden Analysen im August und September 1972 wurden von den Verfassern unter Mithilfe von J. Bauer und M. Thomas-Bertzel durchgeführt.

[6] Leider sind im Osten die Landkreise Ebersberg und Erding nicht einbezogen, obwohl auch sie zum Naherholungsgebiet der Region gehören und damit ebenso von den Naherholungsuchenden aus der Region München belastet werden.

Tabelle 1

Übersicht über Beitragszahlungen und sonstige Leistungen des „Vereins" in den Haushaltsjahren 1966 und 1974

Mitglieder		Finanzleistungen			
		1966		1974	
		Mitglieder-beiträge	Sonst. Leistungen	Mitglieder-beiträge	Sonst. Leistungen
Stadt München		596 307.—	45 000.—	1 338 924.—	82 000.—
Landkreis Bad Tölz-Wolfratshausen		26 044.—	—	24 822.—	—
Landkreis Dachau		36 243.—	—	94 888.—	—
Landkreis Freising		25 301.—	—	138 888.—	—
Landkreis Fürstenfeldbruck		48 277.50	—	140 167.—	—
Landkreis München		65 191.50	—	199 585.—	—
Landkreis Starnberg		38 552.—	—	94 486.—	—
Reg.bez. Oberbayern	(seit 1968)			60 000.—	—
Gemeinde Holzhausen	(seit 1967)			404.50	—
Markt Indersdorf	(seit 1973)			2 515.50	—
Herbertshausen	(seit 1973)			1 636.50	—
Karlsfeld	(seit 1969)			6 964.—	—
Odelzhausen	(seit 1973)			790.—	—
Kranzberg	(seit 1968)			1 103.50	—
Germering	(seit 1971)			8 820.50	—
Gröbenzell	(seit 1970)			6 966.50	—
Olching	(seit 1969)			5 122.—	—
Aschheim	(seit 1969)			944.—	—
Dornach	(seit 1971)			345.—	—
Feldkirchen	(seit 1969)			1 975.50	—
Garching	(seit 1973)			4 559.—	—
Grasbrunn	(seit 1974)			1 316.50	—
Heimstetten	(seit 1969)			538.50	—
Hofolding	(seit 1969)			526.50	—
Ismaning	(seit 1971)			5 017.—	—
Kirchheim	(seit 1971)			1 023.—	—
Neuried	(seit 1971)			1 948.—	—
Oberschleißheim	(seit 1972)			4 620.50	—
Ottobrunn	(seit 1974)			8 269.—	—
Planegg	(seit 1971)			3 585.50	—
Unterbiberg	(seit 1971)			4 252.50	—
Unterföhring	(seit 1971)			2 114.—	—
Unterhaching	(seit 1974)			7 669.50	—
Unterschleißheim	(seit 1972)			5 059.50	—
Berg	(seit 1972)			1 298.50	—
Breitbrunn a. A.	(seit 1974)			461.—	—
Buch a. A.	(seit 1972)			347.—	—
Hechendorf	(seit 1969)			791.—	—
Herrsching	(seit 1969)			2 919.—	—
Inning a. A.	(seit 1973)			940.50	—
Oberalting-Seefeld	(seit 1970)			1 327.—	—
Percha	(seit 1972)			726.—	—
Stadt Starnberg	(seit 1973)			5 252.—	—
Insgesamt		835 916.—	45 000.—	2 193 908.50	82 000.—

Quelle: Unterlagen des Vereins zur Sicherstellung überörtlicher Erholungsgebiete in den Landkreisen um München e. V., München 1974.

Tabelle 2

Übersicht über die Einnahmen des „Vereins" in den Rechnungsjahren 1966—1973

Einnahmearten	Rechnungsjahre							
	1966	%	1968	%	1970	%	1972	%	1973	%
Mitgliedsbeiträge	835 916.—	99,9	905 961.50	82,5	1 930 259.75	75,0	1 979 939.25	58,9	2 067 426.75	65,7
Ausbaukostenzuschüsse der Landkreise Bad Tölz - Wolfratshausen	—	—	81 136.60	7,4	70 000.—	2,7	100 000.—	3,0	—	—
Staatszuschüsse	—	—	80 000.—	7,3	515 000.—	20,0	797 000.—	23,7	828 890.—	26,4
Darlehen	—	—	—	—	—	—	400 000.—	11,9	181 500.—	5,8
Zinsen	260.16	0,1	27 346.53	2,5	33 110.12	1,3	59 369.53	1,8	52 606.73	1,7
Sonstige Einnahmen	—	—	3 380.80	0,3	25 631.60	1,0	26 633,43	0,7	12 678.80	0,4
Insgesamt	836 176.16	100,0	1 097 825.43	100,0	2 574 001.47	100,0	3 362 942.21	100,0	3 143 102.28	100,0

Quelle: Unterlagen des Vereins zur Sicherstellung überörtlicher Erholungsgebiete in den Landkreisen um München e. V., München 1974.

400 000,— im Zeitraum 1966—1972) finanziert sowie für die Landkreise je DM 1,— pro Einwohner bzw. DM 0,50 je Einwohner bei den übrigen Mitgliedsgemeinden. Der Regierungsbezirk Oberbayern förderte den „Verein" bis 1970 mit jährlich DM 30 000,—, ab 1971 sogar mit DM 60 000,— (vgl. Tab. 2, in der auch auf die Finanzleistungen durch das Programm „Freizeit und Erholung" der Bayerischen Staatsregierung hingewiesen wird).

Die Bemühungen des „Vereins" zielten in mehreren 3-Jahresplänen darauf ab, aus den einwohnerabhängigen Beiträgen der kommunalen Gebietskörperschaften, einem festen Beitrag der Regierung von Oberbayern und den in den letzten drei Jahren stark gewachsenen Staatszuschüssen möglichst viel Flächen an verschiedenen Seen aufzukaufen oder zuzupachten und sie für Erholungszwecke umzugestalten. Zwischen 1966 und 1973 wurden insgesamt rd. 15 Mill. DM für Grunderwerb und Ausbauleistungen (im Verhältnis 40 : 60) ausgegeben. Die Gesamteinnahmen lagen in diesem Zeitraum bei 16 Mill. DM (vgl. Tab. 3).

Tabelle 3

Grundbesitz und Investitionen des „Vereins" in den Jahren 1966—1973

Jahr	Mehrung d. GrdBes. qm	Stand 31. 12.	Kaufpreiszahlung DM	Ausbaukosten DM	Pachtzahlungen DM
1966	8 745	8 745	150 000.—	—	—
1967	247 838	256 583	671 000.—	411 844.93	2 000.—
1968	181 160	437 743	112 700.—	545 171.81	9 418.75
1969	581 044	1 018 787	555 229.25	805 913.22	35 362.50
1970	210 210	1 228 997	982 513.50	1 307 011.32	37 297.50
1971	340 574	1 569 571	1 042 500.—	1 991 148.14	60 877.50
1972	424 377	1 993 948	1 393 926.50	1 605 552.88	102 550.50
1973	334 138	2 328 086	1 401 258.20	1 611 150.83	112 630.27
	—	—	6 309 127.45	8 277 793.13	360 137.02

Quelle: Verein zur Sicherstellung überörtlicher Erholungsgebiete in den Landkreisen um München e. V., München 1974.

Beachtlich ist inzwischen der Grundbesitz des „Vereins" in den 13 Erholungsgebieten rund um München angewachsen. Er betrug am Jahresende 1973 ca. 233 ha, wovon sich 117 ha im Eigentum befinden und 115 ha langfristig angepachtet wurden. Dieser Besitz verteilt sich wie folgt (vgl. auch Karte 1):

Die wichtigste Grundstückssicherstellung war 1973 der erfolgte Grunderwerb im Bereich des „Rieder Waldes" am Ostufer des Ammersees. Im Erholungsgebiet „Karlsfelder See" konnten im gleichen Jahr Grunderwerbungen im Bereich des Bebauungsplans voll abgeschlossen werden. Im Erholungsgebiet „Kempfenhausen" am Ostufer des Starnberger Sees wurden umfangreiche staatseigene und gemeindeeigene Flächen übernommen, und für den weiteren Ausbau des Erholungsgebietes „Unterföhringer See" ist es auch gelungen, die notwendigen Flächen sicherzustellen. Die Kaufpreiszahlungen des Jahres 1973 stehen mit rund DM 1,4 Millionen zu Buch. Die Gesamtinvestitionen betrugen damit 1973 etwa 3 Millionen.

In den Erholungsgebieten Olchinger See, Kranzberger See, Unterföhringer See und Pilsensee-Ost war der Ausbau im wesentlichen bereits im

Tabelle 4

Regionale Differenzierung von Grundbesitz und Investitionen des „Vereins" in den Rechnungsjahren 1966 bis 1973 (Stand: 31. Dez. 1973)

Erholungsgebiet	Grundbesitz qm	Kaufpreiszahlg. DM	Grunderwerbs- nebenkosten DM	Pachtzahlg. DM	Planungs- u. Ausbaukost. DM	Gesamtinvest. DM	%	Kaufpr.- reste DM
Ambach (Ostufer Starnberger See)	526 928	2 451 970.—	58 415.36	11 965.50	2 753 290.29	5 276 271.15	35,0	—
Forst Kasten	—	—	—	—	185 000.—	185 000.—	1,2	—
Heimstettener See	119 485	5 400.—	1 862.42	108 915.75	1 280 431.91	1 396 610.08	9,2	—
Karlsfelder See	510 350	1 753 220.20	32 565.48	77 909.77	1 547 660.82	3 411 356.27	22,6	—
Kempfenhausen (Ostufer Starnberger See)	71 238	—	—	666.—	159 397.46	160 063.46	1,0	—
Kranzberger See	178 911	216 853.—	4 358.15	7 480.—	500 677.94	729 369.09	4,8	—
Oberndorf/Wörthsee	106 056	—	7 305.38	84 000.—	24 547.92	115 853.30	0,7	—
Oldinger See	257 903	403 745.—	5 674.87	38 200.—	732 311.32	1 179 931.19	7,8	146 873.—
Pilsensee-Ost	15 272	201 500.—	5 695.63	—	402 219.21	609 414.84	4,4	—
Pilsensee-West	182 904	464 899.25	8 140.82	30 000.—	—	503 040.07	3,3	—
Rieder Wald (Ostufer Ammersee)	162 000	611 540.—	8 709.36	—	—	620 249.36	4,1	68 860.—
Römerschanze/Germering	18 810	200 000.—	537.55	—	—	200 537.55	1,3	100 000.—
Unterföhringer See	178 229	—	1 969.34	1 000.—	691 626.26	694 595.60	4,6	—
	2 328 086	6 309 127.45	135 234.36	360 137.02	8 277 793.13	15 082 291.96	100,0	315 733.—

Quelle: Verein zur Sicherstellung überörtlicher Erholungsgebiete in den Landkreisen um München e. V., München 1973.

Jahre 1972 abgeschlossen. Es mußten deshalb 1973 nur mehr kleinere Arbeiten durchgeführt werden. Auch der Ausbau des Erholungswaldes „Forst Kasten", der sich im Eigentum der Landeshauptstadt München befindet, ist im wesentlichen abgeschlossen.

Andererseits brachte der Heimstettener See im Osten von München auch 1973 wieder Probleme. Der 1972 abgesunkene Grundwasserspiegel fiel zwar nicht weiter, sondern hob sich sogar geringfügig, der Badebetrieb aber war wegen der geringen Wasserhöhe wiederum fast unmöglich. Die Teilentschlammung im Bereich des südlichen Seeteils war aber erfolgreich. Gefahrenstellen wurden dadurch beseitigt und verdeckte Grundwasserquellen wieder freigelegt. Für das Jahr 1974 sind weitere Arbeiten vorgesehen, die sich auf den Wasserspiegel günstig auswirken sollten, so daß im gesamten Seebereich wieder gebadet werden kann. In diesem Zusammenhang ist zu erwähnen, daß die Wasserqualität der vereinseigenen Gewässer von den zuständigen Gesundheitsämtern laufend überwacht wird und als bakteriologisch einwandfrei eingestuft worden ist.

Die Wassermisere des Heimstettener Sees ist auch unter dem Gesichtspunkt der erheblichen Senkung des Grundwasserspiegels im gesamten südlichen Bereich der Münchner Schotterebene zu sehen. Der Grundwasserspiegel ist um etwa 3,5 m abgesunken.

Der größte Teil der Finanzmittel wurde im Gebiet Ambach am Ostufer des Starnberger Sees investiert (über 35 %), für dessen Ausbau auf insgesamt 160 ha Fläche bzw. eine Kapazität von ca. 30 000 Besucher, in den nächsten Jahren noch weitere 6—7 Mill. DM (insgesamt ca. 13 Millionen DM) benötigt werden. Die bereits begonnene Verlegung der alten Uferstraße muß fortgesetzt werden. Demgegenüber sind die finanziellen Leistungen für die Entwicklung der übrigen Erholungsflächen meist geringer, wobei der Karlsfelder See mit 1,1 Mill. DM den höchsten und der Kranzberger See mit 0,6 Mill. DM den geringsten Finanzaufwand nach der Fertigstellung erforderte.

Die Besucherzahlen aller Anlagen steigen von Jahr zu Jahr, für 1973 schätzte der „Verein" ca. 1 Million Besucher. Allein in den aber fast nur an den Wochenenden während der Hauptbadesaison gebührenpflichtig bewachten Parkplatzanlagen Ambach, Kempfenhausen, Olching, Kranzberg und Unterföhring mit einem Fassungsvermögen von rund 5 500 Abstellplätzen wurden 107 620 Parkscheine im Jahr 1973 ausgegeben. Das Gesamtparkplatzangebot in allen Erholungsgebieten umfaßt rund 9 000 ausgebaute Pkw-Abstellplätze. Allerdings wird das Angebot nicht immer ausgenützt, besonders dann nicht, wenn die Parkplätze gebührenpflichtig bewacht werden.

b. Der Karlsfelder See als Beispiel

Um Planung und Durchführung einer derartigen Gebietserschließung kurz zu skizzieren, sei beispielhaft auf den kürzlich von E. Strunz[3] publizierten Beitrag über den Karlsfelder See hingewiesen:

Ausgangsbasis: Der See entstand — wie auch der Olchinger, der Kranzberger oder auch der Unterföhringer See — durch Kiesausbeute, in diesem Fall der Deutschen Bundesbahn.
Mit seiner Länge von 1 km und einer Breite von ca. 250 m sowie einer Tiefe von 6—10 m ist er für den Badebetrieb sehr gut geeignet, die Erneuerung des Wassers kann jedoch — vor allem am seichteren Nordende — in besonders stark frequentierten Tagen der Hochsaison auch zu einem limitierenden Faktor werden[7].

Planungsüberlegungen: Der Schwerpunkt der Gestaltung lag auf den infrastrukturellen Einrichtungen. Projektiert für rd. 10 000 Besucher mußten auf einer Fläche von 30 ha insbesondere ausreichende Parkplätze (12 000 m²), Liegewiesen (ca. 90 000 m²) und 2 Kinderspielplätze sowie sanitäre Anlagen errichtet werden. Als Konzeption wurde dabei von der Vorstellung einer „Erholung für alle" ausgegangen (für die Planungsüberlegungen leistete der Planungsverband „Äußerer Wirtschaftsraum München" wertvolle Hilfe).

Durchführung: Nach dem Kauf des Sees und der meisten Erholungsflächen bzw. langfristiger Zupacht der Restflächen (mit Vorkaufsrecht) wurden umfangreiche Erdbewegungsarbeiten

---

7) Noch ausgeprägter tritt die Gefahr eines ungleichgewichtigen Wasserhaushalts im Falle des Kranzberger Sees, vor allem des Heimstettener und der Unterföhringer Sees auf, vgl. Strunz, E., Naherholungsgebiet im Raum München, in: Garten und Landschaft, 80. Jg., 1970, H. 10, S. 346/347.

für die Abflachung der Uferböschungen sowie die Schaffung von kleinen Hügeln notwendig. Eine vielfältige Bepflanzung mit Bäumen und Sträuchern unter Leitung der Stadtgartendirektion München trat ebenso hinzu wie die Errichtung der benötigten Freizeit-Infrastruktur. Die Gesamtkosten beliefen sich auf ca. 4 Mill. DM. Die Bauzeit nahm allein für das Ostufer ungefähr 1 ½ Jahre in Anspruch.

Betreuung der Anlagen: Sie wird — wie bei den anderen Objekten — nach der Fertigstellung von dem zuständigen Landkreis übernommen, der sie dann auch an die entsprechende Gemeinde (in diesem Fall an die im Freizeitbereich besonders aktive Gemeinde Karlsfeld) weitergeben kann.

Da ein Prinzip des „Vereins" der unentgeltliche Zutritt zu den Erholungsflächen ist — im Unterschied zu anderen Vereinen mit Ausschlußfunktion für Nichtmitglieder — entsteht der betreuenden Institution überwiegend nur aus den Parkplatzgebühren ein Ertragsposten, der in den meisten Fällen nicht kostendeckend wirkt.

Als Ergebnis kann festgestellt werden, daß aus einem nur wenig für Bade- und sonstige Freizeitaktivitäten zugänglichen Baggersee durch die planerische Initiative ein attraktiver Bereich entsteht, der auch zur Aufwertung dieser im Norden an die Stadt München angrenzenden Gemeinde beigetragen hat.

c. Ausstattungsstruktur ausgewählter Erholungsflächen

Um nun auch für einige andere Gebiete in der Region München eine Vorstellung über die Ausstattung zu geben, haben wir als Überblick die folgende Tab. 5 zusammengestellt. Ergänzend dazu muß noch für den Praktiker erwähnt werden, daß sämtliche Erholungsbereiche über Toiletten mit Wasserleitung sowie Abfallkörbe verfügen. Umkleidekabinen sind nur am Kranzberger See vorhanden. Auf Grund der dort gemachten Erfahrungen erscheint es jedoch nicht ratsam, weitere Erholungsgebiete damit auszustatten. Dort, wo eine zwingende Notwendigkeit bestand (z. B. Unterföhring, Kranzberg), wurden Brausen aufgestellt. Im übrigen sollen, so die Konzeption des „Vereins", die Erholungsbereiche nicht den Charakter von Badeanstalten erhalten, sondern den physiognomischen Ausdruck der Seenlandschaft bewahren.

Einrichtungen für Spiel und Sport wurden in allen Erholungsgebieten des Vereins geschaffen. Es sind nicht nur Kinderspielplätze vorhanden, sondern auch viele Möglichkeiten zur aktiven Erholung mit Wanderwegen, zum Tischtennisspielen, ferner Ballspielplätze. Im Erholungsgebiet Karlsfelder See wurden darüber hinaus Sommerstockbahnen gebaut und ein Berg aufgeschüttet. Alle vereinseigenen Gewässer stehen im Winter zum Schlittschuhlaufen und Eisstockschießen zur Verfügung. Zusammenfassend muß man feststellen, daß es nach der Einrichtung der weitgehend standardisierten Freizeitinfrastruktur dann allerdings der betreuenden Institution überlassen bleibt, dieses Angebot den Wünschen der Besucher anzupassen.

Aus der Sicht der Regionalplanung muß die Lage vieler Erholungsflächen im Norden von München sehr begrüßt werden, da es sich hierbei um den Versuch handelt, eine Entlastung für den stark überlaufenen Süden des Münchner Naherholungsraumes anzubieten. In das 3-Jahresprogramm 1975—1977 sollen deshalb noch weitere Objekte im Norden und Westen der Region München aufgenommen werden.

2. Zur Struktur der Erholungssuchenden

Die neugeschaffenen Anlagen haben zweifellos eine große Bedeutung für die Familienerholung. Dies wird z. B. dadurch unterstrichen, daß über 63 % der Besucher bei unseren insgesamt 1 400 Befragungen von Juni bis September 1972 entweder mit ihrem Ehepartner allein und/oder ihren Kindern die untersuchten Anlagen aufsuchten und auch i. a. als derartig kleine Gruppen im Zielgebiet ihre Freizeit gestalten. Bei der Analyse der einzelnen Erholungsflächen zeigt sich jedoch nicht nur ein Abweichen von diesem Mittelwert, sondern auch eine — bereits in unserer Münchner Quellgebietserhebung 1968[1] festgestellte — Präferenzenbildung bei den Erholungssuchenden.

a. Einzugsbereiche und Reichweiten

Die Lage der Erholungsflächen zum Wohnumfeld bzw. in der Region München läßt solche regionalen Präferenzen deutlich werden. So gehören der Olchinger und Karlsfelder See für zahlreiche Besucher noch zum Wohnumfeldbe-

Tabelle 5

Struktur des Angebots ausgewählter Erholungsflächen in der Region München 1972

Erholungsflächen an einzelnen Seen (in Klammern Jahr der Fertigstellung)	Ausgebaute Parkplätze (Zahl)	Besucherkapazität (Pers.)	Kinder-Spielplätze (Zahl)	Spiel-Bolzplätze (Zahl)	Gaststätten- (Zahl d. Sitzplätze)	Kioske (Zahl)
Heimstettener See (1970)	1 500	7 500	2	—	1 (200)	1
Karlsfelder See (1972, 1. Baustufe)	2 500	10 000	2	—	1 (150)	—
Kranzberger See (1969)	1 500	9 000	2	1	1 (120)	—
Langwieder See (eig. Initiative)	300	2 000	2	—	1 (200)	1
Olchinger See (1969)	1 200	6 000	2	1	1 (150)	1
Ostufer Starnberger See						
Ambach I (1969)	200	2 000	1	—	—	1
Ambach II (1972)	1 600	8 000	4	—	2 (600)	3
Pilsensee-Ost (1971)	200	1 200	1	—	—	1
Possenhofen (1968)	3 500	15 000	2	1	1 (200)	1
(Stadt München) Unterföhringer See (1968)	380	3 000	3	—	1 (200)	—

Quellen: Erholung für alle, Information des Vereins zur Sicherstellung überörtlicher Erholungsgebiete um München e. V., München 1972; Pfister, G., a. a. O. sowie eigene Erhebungen.

reich, während die anderen Erholungsflächen in mehr oder weniger großer Entfernung von Bevölkerungsschwerpunkten (vor allem von München) oder bereits im stark frequentierten südlichen Naherholungsbereich der Region liegen. Deutlich wird dieser distanzielle Aspekt, neben dem selbstverständlich eine Reihe sozialökonomischer Faktoren für die jeweilige Beteiligung an der Erholung eine Rolle spielen, in Gestalt der Einzugsbereiche der untersuchten Gebiete (vgl. Karte 2).

Unsere Befragungen wurden dabei entsprechend der vorhandenen Besucherkapazität gewichtet (zwischen 94 und 299 Personen) und gestatten durch ihre Verteilung auf mehrere Monate (Juni/Juli bzw. August/September 1972 sowie Einzelerhebungen im Januar/Februar 1973) und verschiedene Wochentage (Dienstag/Donnerstag und Samstag/Sonntag) auch eine gewisse Verallgemeinerung. Es soll jedoch nicht verschwiegen werden, daß die Ergebnisse der insgesamt 1 400 Befragungen im Vergleich zu den rd. 1 Millionen geschätzten Besuchern dieser Anlagen pro Jahr kaum repräsentativ genannt werden können, jedoch als erste Orientierung für eine detailliertere Betrachtung durchaus geeignet erscheinen. Verschiedene Zählungen des ruhenden Verkehrs (Parkplatzzählungen) ergänzten diese Befragungen noch im Hinblick auf die regionale Herkunftsstruktur.

Die Dominanz der Erholungssuchenden aus München ist mit Ausnahme des Olchinger Sees bei allen Erholungsflächen festzustellen, wobei vor allem der München nahegelegene Unterföhringer See einen Spitzenwert erreicht. Die geringste Distanz zu München kommt ebenfalls beim Langwieder See zum Ausdruck, der im Gegensatz zum ähnlich zu charakterisierenden Karlsfelder See aber nicht über ein entsprechendes Bevölkerungspotential einer selbständigen Gemeinde im engeren Einzugsbereich verfügt. Der Großteil der Münchner Erholungssuchenden am Langwieder See kommt nämlich aus den westlichen Stadtbezirken Münchens. Diese weitgehende Bindung der

Einzugsbereiche an die nächstgelegenen Münchner Stadtteile gilt mit Ausnahme der Gebiete am Starnberger See fast überall, so daß man auch feststellen kann, daß die Lage eines Erholungsgebietes entscheidenden Einfluß auf die Richtung des Einzugsgebietes hat oder, daß ein Großteil der Erholungsflächen durch eine „sektorale Erreichbarkeit" gekennzeichnet ist. Am Starnberger See führt andererseits das überregionale Image dieses Raumes, insbesondere für die erst in den letzten Jahren nach München zugezogenen Bevölkerungsgruppen sowie das Vorhandensein weiterer Attraktionspunkte für die Naherholung dazu, daß eine innerstädtische Häufung bezüglich der Herkunftsbereiche nur andeutungsweise (bezogen auf den Süden der Stadt bzw. die bevölkerungsstarken Bezirke Schwabing und Milbertshofen) vorhanden ist.

Neben der Rolle Münchens ist aus Karte 2 ferner die regionale Schwerpunktbildung in den Einzugsbereichen bzw. einige Präferenzstrukturen der Naherholungssuchenden deutlich erkennbar, die zumindest im Norden und Westen dem gesetzten Ziel einer Verkehrsentflechtung durch die Gestaltung der Erholungsflächen nahe kommen. So stammt der zweitstärkste Besucherstrom z. B. am Karlsfelder See aus dem Landkreis Dachau, am Kranzberger See aus der Stadt und dem Landkreis Freising oder am Steinsee aus dem Landkreis Ebersberg, am Olchinger See der stärkste Strom sogar aus dem Landkreis Fürstenfeldbruck. Jedoch zeigen sich zwischen den verschiedenen Wochentagen bei den Herkunftsgebieten der Besucher erhebliche Schwankungen. Am Olchinger See z. B. lag der Anteil der Besucher aus München an den untersuchten Wochenenden mit 45 % aller Besucher fast doppelt so hoch wie an Werktagen (im Durchschnitt nur 25 %). Damit soll auch hier angedeutet werden, welche Schwierigkeiten bei einer Basiserhebung mit dem Ziel eines interkommunalen Finanzausgleichs bestehen. Im Vergleich zu unseren Fall-Studien in der schneearmen Zeit des Winters 1972/73 (Januar/Februar) mit überaus günstigen Voraussetzungen für Eislaufen und Eisstockschießen, ergeben sich jedoch gegenüber den Durchschnittswerten der Sommererhebungen nur wenige Veränderungen. Allein am Unterföhringer See sank der Anteil der Münchner Erholungssuchenden zugunsten derer aus dem Landkreis München stärker ab.

Für eine Charakterisierung und zur Untersuchung der Funktion der einzelnen Erholungsflächen kann man ferner noch die aufgewandte Fahrtzeit heranziehen. Wie aus Karte 3 zu ersehen ist, bestehen neben einer beachtlichen Differenzierung doch einige Gemeinsamkeiten, die sich für einen weiteren Typisierungsansatz anbieten.

In eine erste Gruppe der „wohnstandortnahen" Erholungsflächen kann als besonders typisch der Karlsfelder See, bei Erweiterung auf die 20-Minuten-Distanz auch noch der Olchinger, der Unterföhringer und der Langwieder See gerechnet werden. Demgegenüber stärker auf eine Freizeit im Naherholungsbereich ausgerichtet sind die Gebiete am Starnberger See mit ihrem zeitdistanziellen Schwerpunkt zwischen $1/2$ bis 1 Std. bei der Anreise der Besucher, während der Kranzberger See eine gewisse Zwischenstellung einnimmt[8].

Frägt man ergänzend dazu noch nach der Häufigkeit des Besuchs, so zeigt sich, daß z. B. am Karlsfelder, Olchinger und Langwieder See relativ hohe Anteilswerte im täglichen bzw. mehrmaligen Besuch pro Woche (über 40 %) festzustellen sind, während in den anderen 4 Beispielen der mehrmalige Besuch während eines Monats im Vordergrund stand. Das Gebiet von Ambach sticht nur insoweit hervor als es bereits über ein gewisses „Stammpublikum" größeren Gewichts verfügt, das regelmäßig sich dort aufhält. Diese Aussage wird auch dadurch erweitert, daß nur im Falle des Olchinger Sees die Werktage anteilsmäßig stärker bevorzugt auftreten als das Wochenende. Vor allem am Karlsfelder, am Unterföhringer und am Kranzberger See erscheinen die Samstage und Sonntage als besonders beliebte Besuchstage. Dies hängt jedoch auch von der sozialökonomischen Struktur der Erholungssuchenden ab, während dieses Phänomen in Ambach i. w. auf distanzielle Aspekte zurückzuführen ist.

---

8) Am Steinsee z. B. konnte Mücke einen deutlichen time-lag-Effekt zwischen den Erholungssuchenden aus Ebersberg und München feststellen. Während die Besucher aus Ebersberg zwischen 10—10.30 Uhr einen Spitzenwert in der Ankunftshäufigkeit besaßen, traf dies für die Münchener Besucher zwischen 10.30—11 Uhr zu, vgl. Mücke, D., Das Naherholungsverhalten der Bevölkerung im großstadtnahen Bereich, dargestellt am Beispiel von Ebersberg, Glonn und Taglaching, unveröffentl. Zulassungs-Arbeit am Wirtschaftsgeographischen Institut der Universität München unter Leitung von Prof. Dr. K. Ruppert, München 1972.

Kommunale Initiativen im Freizeitraum: Beispiele im Umland von München

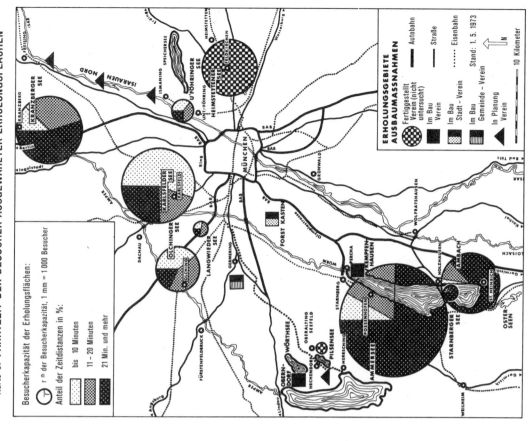

Karte 2: EINZUGSBEREICHE AUSGEWÄHLTER ERHOLUNGSFLÄCHEN

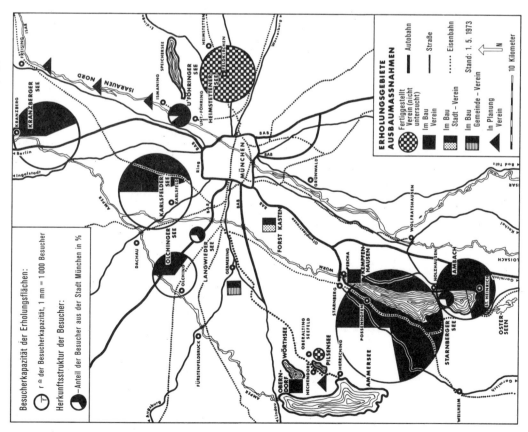

Karte 3: FAHRTZEIT DER BESUCHER AUSGEWÄHLTER ERHOLUNGSFLÄCHEN

b. Sozialökonomische Struktur und benutzte Verkehrsmittel

Zur Untersuchung dieser Fragestellung haben wir eine Unterteilung der Besucher nach Berufs- und Einkommensschichten in Grund-, Mittel- und Oberschicht vorgenommen[9]. Hierbei zeigt sich deutlich die Situation der Sozialstruktur in den jeweiligen Herkunftsbereichen der Erholungssuchenden. Der Olchinger See, das Gebiet von Possenhofen und besonders von Ambach besaßen nach unseren Besucherbefragungen mit über 10 % Anteil an der Oberschicht erheblich über dem Durchschnitt (auch dem Durchschnitt der deutschen Bevölkerung mit insgesamt ca. 6 %)[10] liegende Werte. Demgegenüber trat die Grundschicht am Kranzberger und am Karlsfelder See als eindeutig dominierend in den Vordergrund (mit Anteilen über 70 %). Gerade in diesen beiden, aber auch den anderen Gebieten wird ersichtlich, daß — zumindest was die Sozialstruktur der Besucher betrifft — dem gesellschaftspolitischen Anspruch einer „Erholung für alle" durchaus entsprochen wird.

In bezug auf die Zugänglichkeit oder Erreichbarkeit der Erholungsgebiete besteht jedoch insoweit ein Problem für die Erfüllung dieser Grundüberlegung, als die Gebiete mit öffentlichen Verkehrsmitteln zwar erreichbar, aber dies durch die heute gewohnheitsmäßig mitgeführten Gegenstände für die Freizeitverwendung (Liegestühle, Tragtaschen, Grillgeräte) und den nur teilweisen Anschluß an das S-Bahnnetz erschwert wird. Hier erhebt sich die Frage, ob der öffentliche Massenverkehr noch näher an das Erholungsgebiet herangeführt werden sollte. Die Erfahrung zeigt allerdings (z. B. in Possenhofen), daß bisher auch dann dem Kraftfahrzeug die Priorität gegeben wurde. Zeitliche Ungebundenheit, bequeme Unterbringung des Gepäcks und der Verpflegung geben den Ausschlag. Die Zugänglichkeit für alle Interessenten wird bei der Planung solcher Erholungsanlagen aber immer ein gravierender Faktor sein.

Tabelle 6

Verkehrsmittel der Besucher ausgewählter Erholungsflächen in der Region München 1972

Erholungs-flächen	Verkehrs-mittel	S-Bahn	Bus	Motor-rad, Moped in %	Pkw	Fahr-rad	zu Fuß
Karlsfelder See		1	6	1	74	14	4
Kranzberger See		—	—	2	90	5	3
Langwieder See		—	—	2	86	7	5
Olchinger See		0	—	2	77	16	5
Ambach, Ostufer Starnberger See		—	—	1	97	—	2
Possenhofen, Starnberger See		12	—	3	78	1	6
Unterföhringer See		3	3	—	86	5	3

---

9) Zum Verfahrensgang vgl. Ruppert, K. und Maier, J., Naherholungsraum und Naherholungsverkehr ... a. a. O., S. 70.
10) Bolte, K., Deutsche Gesellschaft im Wandel, Opladen 1966, S. 316.

Für unseren Versuch einer Charakterisierung der einzelnen Gebiete jedoch ergibt sich auch hieraus ein Hinweis auf die besondere Situation des Olchinger und des Karlsfelder Sees im Wohnumfeld, besitzen beide doch mit ihrem relativ hohen Anteil von Besuchern, die mit dem Fahrrad kommen, ein deutliches Unterscheidungsmerkmal zu den übrigen Gebieten.

Eine alterspezifische Gliederung der Besucher zeigt, daß z. B. die über 65jährigen nur in den Gebieten am Starnberger See einen Anteil von 7 bzw. 8 % einnehmen, während sie in den anderen Erholungsbereichen relativ unbedeutende Anteilswerte aufwiesen. Die einheitlich auftretende Verteilung des Schwergewichts auf der Gruppe der 26- bis 40jährigen deckt sich auch mit unseren Erhebungen im Quellgebiet München 1968[11] und spiegelt das Erholungsverhalten der Personengruppen in der familiären Aufbauphase wider. Jüngere Personengruppen unter 25 Jahren sind demgegenüber vor allem am Karlsfelder, am Olchinger und Kranzberger See anzutreffen, sicherlich nicht zuletzt auch deshalb, weil diese Erholungsflächen teilweise (Ausnahme Karlsfeld) der Ersatz für nicht vorhandene Schwimmbäder oder Freizeitzentren in diesen Gemeinden sein müssen.

c. Aufenthaltsdauer und Ausgaben der Besucher

Die Aufenthaltsdauer in den Zielgebieten wird von einer Reihe von bereits angesprochenen Faktoren beeinflußt, unter denen neben der Distanzüberwindung vor allem die Beweggründe für den Aufenthalt (Erwartungen und Vorstellungen über Freizeit und deren Verwendung im allgemeinen bei den einzelnen Sozialgruppen bzw. in bezug auf die Gestaltung der Freizeit im Bereich der Erholungsflächen in der Region München im speziellen Fall) besonders zu betonen sind. Dabei wird aus Tab. 7 ersichtlich, daß Kurzaufenthalte bis zu 1 Stunde in allen Gebieten kaum vorkommen, während der Besuch mit einer Dauer von 6 Stunden und länger, was einem Tagesausflug gleichzusetzen wäre, besonders in den Gebieten am Starnberger See, aber auch am Unterföhringer und Kranzberger See auftritt. Für die ersten beiden Bereiche bestätigt sich damit der Charakter von Zielgebieten im Naherholungsbereich der Region, auch für die beiden anderen Erholungsflächen wird da-

Tabelle 7

Aufenthaltsdauer der Besucher ausgewählter Erholungsflächen in der Region München 1972

Erholungsflächen	Aufenthaltsdauer			
	bis 1 Std.	1 bis 3 Std.	3 bis 6 Std.	6 Std. u. länger
	in %			
Karlsfelder See	0	27	48	22
Kranzberger See	3	23	43	31
Langwieder See	5	31	62	2
Olchinger See	2	38	43	17
Ambach, Ostufer Starnberger See	5	27	22	46
Possenhofen, Starnberger See	4	27	40	29
Unterföhringer See	5	19	42	34

durch das Wochenende als Hauptausflugszeit herausgestrichen.

Die durchschnittlichen Ausgaben je Besucher als zusätzliches Kriterium für eine Charakterisierung der einzelnen Erholungsflächen hängen selbstverständlich neben der Aufenthaltsdauer und sozialökonomischen Determinanten auch von der Angebotssituation (vgl. Tab. 5) ab. Durch das Bestehen von mindestens einer Gaststätte und/ oder einem Kiosk pro Erholungsfläche schien uns jedoch ein Vergleich der Ausgabenquote in den einzelnen Gebieten zulässig. Danach wurde der größte durchschnittliche Ausgabensatz mit DM 4,60/Besucher in Ambach erreicht. Während der Langwieder und Kranzberger See sowie Possenhofen Ausgabensätze zwischen DM 2,50 bis DM 3,10 aufwiesen, lagen die entsprechenden Werte beim Olchinger und Karlsfelder See zwischen DM 1,90 und DM 2,—. Der Unterföhringer See zeigte mit DM 1,10 den weitaus geringsten Ausgabensatz/Besucher unter den untersuchten Erholungsflächen. Vergleicht man auch diese Aussagen mit den inzwischen vorgeführten Merkmalen der einzelnen Gebiete, so unterstreichen sie im wesentlichen die angesprochene Charakterisierung.

---

11) Vgl. Ruppert, K. und Maier, J., Naherholungsraum und Naherholungsverkehr, ..., a. a. O., S. 73.

Insgesamt betrachtet ergibt sich damit bei rd. 1—1,2 Mill. von uns geschätzten Besuchern und durchschnittlich DM 2,75 Ausgaben pro Besucher ein Umsatz pro Jahr in den Erholungsflächen der Region München von 3—3,5 Mill. DM. Dies ist im Vergleich zu den für die Münchner Naherholer 1968 von uns geschätzten Ausgaben im näheren und weiteren Umland von München von ca. 100 Mill. DM nur ein bescheidener Betrag. Jedoch kann der Wert dieser Anlagen keinesfalls nur an ökonomischen Gesichtspunkten gemessen werden. Es zeigt sich auch hierbei wiederum die Notwendigkeit einer weit stärkeren Berücksichtigung außerökonomischer Faktoren in einem anzustrebenden Kosten-Nutzen-Vergleich.

3. Aspekte der Aufwands- bzw. Ertragsseite

Auf der Aufwandsseite bestehen bei den betreuenden Gemeinden meist genaue Vorstellungen über den direkten Aufwand für den Unterhalt, d. h. über den Personalaufwand für die Pflege und Wiederinstandsetzung der Anlagen bzw. die Aufsicht der Parkplätze sowie die saisonbedingte Erhöhung der Müll- und der Abwasserbeseitigung. Da diese Betreuungsaufgabe entweder durch die Bauhöfe des jeweiligen Landkreises oder von bereits mit ähnlichen Aufgaben betrauten Arbeitskräften der betroffenen Gemeinden miterledigt wird, wurden diese Aufwandsanteile in der Untersuchung von Pfister[12] zwar von allen Trägern der Erholungsflächen als solche registriert, jedoch nur im Falle von Olching und Oberalting-Seefeld als beträchtlich und für die Gemeinden wenig zumutbar empfunden. Andererseits erhalten auch die Gemeinden nur relativ bescheidene direkte Erträge. Der Schwerpunkt der Ertragsseite, die Parkplatzgebühren, werden wie die Pachtzinsen der Gaststätten im allgemeinen an den zuständigen Landkreis in voller Höhe oder teilweise abgeführt, so daß den Gemeinden nur die relativ geringen Gewerbesteuereinnahmen von den Gaststätten- und Kioskbesitzern zufließen.

Dabei ist aber andererseits zu beachten, daß im überwiegenden Teil der Erholungsgebiete die Landratsämter auch die Einnahmen-/Ausgabendifferenz tragen (z. B. im Falle des Unterföhringer und Heimstettener See der Landkreis München, beim Kranzberger See der Landkreis Freising und beim Karlsfelder See der Landkreis Dachau). Nur im Erholungsgebiet Pilsensee-Ost sowie beim Olchinger See haben die betreffenden Gemeinden auch größere Kostenanteile zu übernehmen. Für das Erholungsgebiet Ambach am Starnberger See, das in den letzten Jahren (mit Ausnahme 1972) einen stets wachsenden Überschuß verbuchen konnte, herrscht ein Sonderfall für die vertragliche Abwicklung von Einnahmen und Ausgaben vor. Der Vertragspartner des „Vereins", der Landkreis Bad Tölz-Wolfratshausen, hat hier die Betreuung des Erholungsgebietes nicht an die Gemeinde (z. B. Holzhausen) weitergegeben, sondern an drei Privatunternehmer. Zusätzlich übernimmt der Landkreis die Personalkosten und die anteiligen Verwaltungskosten, ebenso erhält der „Verein" direkt Einnahmen aus der Hektoliter-Entschädigung (HL-Entschädigung) durch die pachtende Brauerei.

Obwohl also damit in der Regel für die jeweiligen Landkreise ein Defizit beim direkten Aufwand-/Ertragsvergleich entsteht, wird dieses im Hinblick auf den indirekten Nutzen der Anlagen für die Freizeitverwendung der ortsansässigen Bevölkerung von den Landratsämtern bzw. Bürgermeistern (soweit die Gemeinden dafür aufkommen müssen) als tragbar angesehen. Ohne Zweifel kommt im indirekten, quantitativ jedoch nur schwer meßbaren Nutzenbereich noch der positive Einfluß auf das Gemeinde-Image („Ort mit höherem Freizeitwert") sowie die durch die Erschließung der Erholungsflächen teilweise bessere Verkehrsanbindung hinzu. In Zeitungsannoncen verwenden die Gemeinden entsprechende Hinweise, um auf ihren Freizeitwert aufmerksam zu machen. Demgegenüber sollen jedoch die Probleme nicht übersehen werden, die insbesondere durch die Kumulation der Besucher am Wochenende häufig entstehen. Die Verkehrsprobleme, ausgedrückt in einer hohen Verkehrsfrequenz in den Gemeinden oder auf dem Zubringer zu den Erholungsgebieten in Gestalt von Unfällen sowie der Behinderung durch falsch parkende Fahrzeuge, stehen hierbei an der Spitze. In allen Gemeinden wird diese Folge der Verkehrsmittelstruktur ebenso betont wie die zusätzliche Luftverschmutzung und die Lärmbelästigung für die ortsansässigen Bewohner. Die Folgen werden jedoch meist als nicht allzu gra-

12) Pfister, G., a. a. O.

Tabelle 8

Kosten des Unterhalts und der Betreuung einzelner Erholungsgebiete des „Vereins" im Jahre 1972

Erholungsgebiete	Einnahmen				Ausgaben			Differenz	Träger der Differenz
	Fischerei-pacht	Gaststättenpacht oder/und HL-Entschädigung	Park-gebühren	Zus.	Sach-ausgaben	Personal-ausgaben	Verwalt.-Kostenanteil	Zus.	
Unterföhringer See	350.—	4 316.16	652.95	5 319.11	3 916.60	4 696.80	500.—	9 113.40	./. 3 794.29	Lkr. München zu 100 %
Heimstettener See	—	—	5 503.—	5 503.—	.	.	.	21 869.—	./. 16 366.—	Lkr. München zu 100 %
Oldinger See	—	—	2 332.35	2 332.35	—	22 080.02	—	22 080.02	./. 19 747.67	3000.— durch Lkr. Fürstenfeldbruck, der Rest durch Gem. Olching
Kranzberger See	—	993.22	4 246.75	5 239.97	.	.	.	11 660.90	./. 6 420.93	Lkr. Freising zu 100 %
Ambach, Ostufer Starnberger See	—	—	34 140.36	34 140.36	16 960.—	—	—	16 960.—	+ 17 180.36	
Pilsensee-Ost	—	—	—	—	1 598.09	—	—	1 598.09	./. 1 598.09	Gem. Oberalting-Seefeld
Karlsfelder See	—	—	—	—	1 981.16	—	—	1 981.16	./. 1 981.16	Lkr. Dachau zu 100 %.

Quelle: Verein zur Sicherstellung überörtlicher Erholungsgebiete in den Landkreisen um München e. V., München 1973.

vierend angesehen, mit Ausnahme von Olching und Ambach/Holzhausen.

Wie sehr aber gerade auch in dieser Hinsicht, insbesondere unter Berücksichtigung der „ökologischen Aspekte", planerische Lösungen notwendig sind, haben die Untersuchungen von Seibert/Zielonkowski [13] in der Pupplinger Au bzw. von Odzuck [14] am Steinsee gezeigt. Die hauptsächlichen Probleme liegen dabei in den Erholungsgebieten neben der mechanischen Beanspruchung des Pflanzenkleides durch die Besucher, vor allem in der Belastung durch Abfall, die Beeinträchtigung der Tierwelt in erster Linie durch den Lärm. Am Beispiel des Steinsees wird jedoch deutlich, daß die Nutzung eines Sees bzw. eines Teils der Ufer für Freizeitzwecke zwar zu einer gewissen Veränderung im Landschaftshaushalt führt, bei einer zeitlichen und vor allem räumlichen Begrenzung der Nutzung jedoch aus ökologischen Gründen als tragbar erscheinen kann. Diese Grenzschwellen näher zu bestimmen, wäre als Aufgabe auch für die anderen Erholungsflächen angebracht.

Nach wie vor ungelöst ist ferner das Problem des interkommunalen Finanzausgleichs. Dies läßt sich am Beispiel des Unterföhringer Sees verdeutlichen. Nach der Übergabe der Anlage sollte zunächst die Gemeinde Unterföhring 40 % der Unterhaltskosten übernehmen. Nachdem sich aber gezeigt hatte, daß die Besucher aus München (vgl. Karte 2) weitaus an der Spitze standen, übernahm der Landkreis München die Kosten (ähnlich im Falle des Heimstettener Sees). Nach dem Verursachungsprinzip müßte aber u. E. nicht der jetzige Träger, sondern die Stadt München, wie in zahlreichen anderen Fällen, den Großteil des notwendigen Betreuungsaufwands tragen, da ihre Bürger die Hauptnutznießer des Erholungsgeländes sind. Wir sind uns bei dieser Forderung selbstverständlich klar darüber, daß der hier angesprochene Teil der Naherholung im Rahmen eines interkommunalen Finanzausgleichs nur einen Teil des gesamten Finanzausgleichs zwischen gebenden und nehmenden Kräften, auch im Bereich der Freizeit, umfaßt. Erinnert sei in diesem Zusammenhang ferner an die Vorleistungen der Stadt München bei Theatern, Museen oder Sportveranstaltungen oder — im Bereich des „Vereins" — an die 60 % des Beitragsaufkommens durch die Stadt München bzw. die Übernahme der Personalkosten für den Geschäftsführer des „Vereins" und eine Verwaltungsangestellte.

III. Probleme und mögliche Lösungsalternativen

1. Die Zugänglichkeit der Seeufer

Im Laufe unserer Diskussion von Angebots- und Nachfragestrukturen haben wir versucht, bereits auf einige Fragen der bestehenden Konzeption dieser planerischen Aktivitäten hinzuweisen. Als weiteres Problem sei einmal die starke Investitionstätigkeit des „Vereins" im Süden Münchens (u. a. am Starnberger See) herausgegriffen, die nur teilweise dem Prinzip der regionalen Verkehrsentflechtung entspricht. Gerade am Beispiel von Ambach wird aber andererseits die frühzeitige, große Leistung des „Vereins" für eine Freihaltung der Seeufer i. S. des Art. 141/3 der Bayer. Staatsverfassung besonders deutlich, so daß in Verbindung mit der Autobahn München-Ohlstadt hiermit ein sehr wertvolles Erholungsgebiet geschaffen werden konnte.

Welche Wirkung diese Politik der Erhaltung der Zugänglichkeit zu einzelnen Seeuferbereichen in der Region München ganz allgemein ausgeübt hat, zeigt u. a. auch das Programm „Freizeit und Erholung" der Bayer. Staatsregierung. Nach dem Vorbild des „Vereins" gelang es innerhalb des Untersuchungsraumes doch den Weßlinger See sowie drei kleinere Seen im Landkreis Erding in das Eigentum der öffentlichen Hand zu überführen.

---

13) Seibert, P. und Zielonkowski, W., Landschaftsplan „Pupplinger und Ascholdinger Au", in: Schriftenreihe für Naturschutz und Landschaftspflege, 1972, H. 2.
14) Odzuck, W., Auswirkungen eines Badebetriebs auf die Pflanzen- und Tierwelt eines Sees, in: Natur und Landschaft, 47. Jg., 1972, H. 12, S. 337—341.

Andererseits wird deutlich, daß im Rahmen bestehender Möglichkeiten die Freihaltung der Seeufer durch Kauf oder Zupacht aufgrund der überaus hohen Bodenpreise in vielen Fällen ein finanzielles Problem ist. Die Gemeinden, die über derartige Uferbereiche verfügen, sind fast nie in der Lage, entsprechend große Flächen zu erwerben und sie der Öffentlichkeit zur Verfügung zu stellen. Bei bereits vollzogener Bebauung der Seeufer ergibt sich bei eventuellen Kaufabsichten noch zusätzlich der gesellschaftspolitische Konflikt mit dem Schutz bzw. der Sicherung des Privateigentums. Weiterhin nicht unumstritten ist die Durchführung von Aufschüttungsmaßnahmen, um neue, noch nicht bebaute Uferflächen zu erhalten. Auch das neue Bayerische Naturschutzgesetz kann u. U. wertvolle Hilfe leisten. Ohne diesen Ansatz eines Katalogs möglicher Maßnahmen vervollständigen zu wollen, sei von unserer Seite nochmals der Gedanke einer Schaffung neuer Erholungsflächen, besonders im Nordteil der Region München, in die Diskussion eingebracht. Dabei darf jedoch nicht übersehen werden, daß es für den „Verein" um die Sicherstellung *überörtlicher* Erholungsgebiete geht, was nach den bisherigen Erfahrungen dazu geführt hat, daß Erholungsgebiete nur dann für den „Verein" den organisatorischen Grundaufwand lohnen, wenn sie größer als 15 ha sind. Bei kleineren Gebieten leistet der „Verein" beratende Hilfestellung für die zuständige Gemeinde.

2. Die Bildung von Freizeitzentren

Zweifellos gelang es dem „Verein" unterschiedliche Einzelinteressen weitgehend zu koordinieren. Der hier eingeschlagene Weg sollte als eine 1. Stufe der planerischen Initiative gewertet werden [15]. Ein weiteres Problem der bisher gestalteten Erholungsflächen, nämlich ihre starke saisonale und witterungsbedingte Gebundenheit im Vergleich zu den hohen Erschließungs- und Ausbaukosten sollte demnach durch eine stärkere Anhäufung verschiedener Einrichtungen für vielfältige Freizeitbedürfnisse gemindert werden. Die in den Revierparks des Siedlungsverbandes Ruhrkohlenbezirk [16] wiederzufindende Verbindung aktiver und passiver Freizeitverhaltensweisen könnte — soweit bisher zu beurteilen — ökonomisch und regionalpolitisch eine günstige Erweiterung der bisherigen Ansätze des „Vereins" sein. Als bereits in die Praxis umgesetzte Beispiele für derartige Freizeitzentren [17], wenn auch schon in der südlich angrenzenden Region gelegen, sollen das Alpamare in Bad Tölz sowie das Trimini in Kochel nicht unerwähnt bleiben. Sie sind für die Region München zu wichtigen Naherholungszielen geworden, wenn auch nicht problemlos, da sie in Gebieten liegen, die durch den Urlaubsreiseverkehr schon stark in Anspruch genommen sind.

Das Trimini weist als „Modelleinrichtung für Naherholungsgelände im Bereich eines städtischen Ballungsgebietes" und damit verbunden eine finanzielle Unterstützung (Zuschuß in Höhe von 1 Mill. DM bei Kosten des 1. Bauabschnittes von 7,8 Mill. DM) des Bayer. Staatsministeriums für Landesentwicklung und Umweltfragen auch auf die Förderung von Freizeitzentren durch die Landesplanung hin. Das Alpamare, demgegenüber eine Privatinitiative zur Angebotserweiterung des Kurhotels „Jodelquellenhof" in Bad Tölz, zeigt einige weitere Aspekte für die Planung derartiger Zentren auf. Es ist zwar ebenso wie das Trimini neben der dominierenden Naherholungsfunktion auch auf den längerfristigen Tourismus am Ort bzw. in der Umgebung ausgerichtet (insbes. bei Schlechtwetter-Situationen deutlich zu beobachten). Jedoch kann man nach fast drei Jahren des Bestehens feststellen, daß sowohl in bezug auf Kapazität als auch auf Standortlage Probleme aufgetreten sind, die bei der Planung ähnlicher Projekte beachtet werden müssen. Es zeigte sich nämlich, daß die durchschnittliche Besucherzahl/Tag von 1 400 Personen (rd. 500 000 Besucher 1971) zwar einen beachtlichen Umsatz von rd. 4 Mill. DM 1971 (bei 7,5 Mill. DM Gesamtinvestitionen) bewirkt hat und damit die gesetzten Erwartungen weit übertraf. Gleichzeitig muß man aber auch darauf hinweisen, daß durch den starken Ausflugsverkehr der Münch-

---

15) Damit müßte auch eine entscheidende Verbesserung der personellen Ausstattung verbunden sein.
16) Vgl. Mittelbach, A., Wochenfreizeit in der Region, in: Freizeit 70, Sonderheft des Siedlungsverbandes Ruhrkohlenbezirk, Essen, o. J. (1970), S. 96—104.
17) Zur Begriffsdiskussion vgl. u. a. den Beitrag von K. Ruppert, Spezielle Formen freizeitorientierter Infrastruktur, Versuch einer Begriffsbestimmung, in: Informationen, 23. Jg., 1973, H. 6, S. 129—133.

ner Besucher (zw. 50—60 %/o aller Besucher) häufig eine Überlastung der Kapazität (längere Wartezeiten beim Einlaß sowie große Parkplatzschwierigkeiten) auftritt. Ferner wird deutlich, daß der Standort inmitten des Kurbereichs für ein Freizeitzentrum nicht allzu geeignet ist. Eine derart hohe Konzentration unterschiedlicher Freizeitformen kann auch zu erheblichen Konflikten führen, bis hin zur überhöhten Unfallgefahr für Kurgäste und Alpamare-Besucher. Ein weiteres Problem könnte bei einer unbesehenen Transformation auf Planungsprojekte der öffentlichen Hand bereits durch das Spektrum der Einrichtungen [18] entstehen, die im wesentlichen doch auf eine Aktiv-Freizeit bestimmter Sozialgruppen abgestimmt sind.

Im Gegensatz zu den vorgeführten Erholungsflächen des „Vereins" ergibt sich z. B. im Alpamare ein völlig anderes Bild in der Sozialstruktur. Die Oberschicht bzw. die gehobene Mittelschicht besitzt nach unseren Befragungen im Juni/Juli und Dezember 1972 (insgesamt 122 Interviews) [19] einen weit höheren Anteil (über $^1/_4$ der Besucher) als an den Seen. Dies wirkt sich nicht zuletzt auch auf die höhere Ausgabenquote von DM 11,—/Besucher aus, was nun keineswegs als Richtschnur für Freizeitanlagen der öffentlichen Hand mit der Konzeption einer „Erholung für alle" genommen werden kann.

Für die weitere Entwicklung und Verwirklichung planerischer Initiativen im Freizeitraum der Region München wird es deshalb weniger darum gehen, ein bereits fertiges Planungskonzept zu übernehmen, sondern ausgehend von den positiven Ansätzen der letzten Jahre eine Erweiterung und Verbesserung der bisherigen sowie eine Schaffung neuer Anlagen zu bewirken. Die regional- und sozialpolitische Aufgabe muß dabei stärker in den Vordergrund gestellt werden. Dies kann nur durch eine noch engere Einbindung der Planung des Freizeitraumes in die Gesamtplanung der Region München geschehen.

---

18) Um zu erläutern, was ein derartiges Zentrum von einer Anlage des „Vereins" unterscheidet, sei nur auf die Vielfalt der Einrichtungen verwiesen: Brandungsbad (bes. nachgefragt), Jod-Thermalbad, Sprudel-Freibad, Solarium sowie Sauna, Spiel- und Freizeitsalon, Gymnastik und Fitness-Raum, Grill-Restaurant.

19) Die Befragungen wurden unter Mitarbeit von I. Kiesel und L. Turobin durchgeführt.

WISSENSCHAFTLICHE VERÖFFENTLICHUNGEN AUS DEM WIRTSCHAFTSGEOGRAPHISCHEN INSTITUT DER UNIVERSITÄT MÜNCHEN (STAND: 1.5.1974) ZUM THEMA:

Geographie des Freizeitverhaltens

o. Prof. Dr. K. Ruppert, Institutsvorstand

Das Tegernseer Tal, Sozialgeographische Studien im oberbayerischen Fremdenverkehrsgebiet, in: Münchner Geographische Hefte, Nr. 23, Kallmünz/Regensburg 1962

Almwirtschaft und Fremdenverkehr in den bayerischen Alpen. Ein Beitrag zum kulturgeographischen Entwicklungsproblem im Hochgebirge, in: Tagungsbericht und wiss. Abh. d. Dt. Geographentages Heidelberg 1963, Wiesbaden 1964, S. 325—331

Beiträge zu einer Fremdenverkehrsgeographie: Beispiel Deutsche Alpen, in: Wissenschaftliche Abh. d. Geogr. Ges. d. DDR, Bd. 6, 1967, S. 157—165

Das Tegernseer Tal, in: Topographischer Atlas von Bayern, München 1968, S. 266

Raumrelevante Wirkungen der Erholungsfunktion: Naherholungsraum München, in: Tagungsbericht und wiss. Abh. d. Dt. Geographentages Kiel 1969, Wiesbaden 1970, S. 326—331

Zur Naherholung im Bereich von Verdichtungsgebieten, Erkenntnisse und Perspektiven aus wirtschaftsgeographischer Sicht, in: Natur und Landschaft, H. 5, 1970, S. 122—124

Untersuchungen zum Wochenendverkehr von München, in: Schriftenreihe des Deutschen Rates für Landespflege 17. Jg., H. 16, 1971, S. 27

Flächenbedarf der Freizeitgesellschaft, in: Landbewirtschaftung ohne Agrarproduktion?, Schriftenreihe für ländliche Sozialfragen, H. 61, 1971, S. 147—148

Zur Geographie des Freizeitverhaltens, Bukarest 1971, im Druck

Zur Geographie des Freizeitverhaltens, Belgrad 1972, im Druck

Das Freizeitverhalten als Grunddaseinsfunktion, in: WGI-Berichte zur Regionalforschung, Bd. 6, 1971, S. 1—4

Naherholung in der urbanisierten Gesellschaft, WGI-Berichte zur Regionalforschung, Bd. 6, 1971, S. 55—60

Der Zweitwohnsitz im Freizeitraum — wirtschaftsgeographische Aspekte eines Raumproblems, in: Berichte zur Raumforschung und Raumplanung, Jg. 17, H. 4/1973, S. 3—8

Der Freizeitwohnsitz als landesplanerisches Problem, Wien 1973, im Druck

Spezielle Formen freizeitorientierter Infrastruktur — Versuch einer Begriffsbestimmung, in: Informationen, H. 6, 1973, S. 129—133

Das Tegernseer Tal als Freizeitlandschaft, in: Luftbildatlas Bayern 1973, München 1973, S. 154

Zur Geographie des Freizeitverhaltens, Bericht der Untersuchungen am Wirtschaftsgeographischen Institut der Universität München, Frankfurter Wirtschafts- und Sozialgeographische Schriften, 1974, im Druck

Freizeitwohnsitze in der Diskussion, in: Salzburger Institut für Raumforschung, Mitt. u. Berichte, 1974, H. 1, S. 21—35

On the conception of a geography of recreation behaviour, International Speleology 1973, Abstracts of papers, S. 204—205

o. Prof. Dr. K. Ruppert gemeinsam mit Akad.-Rat Dr. J. Maier

Die Naherholungsziele der Münchner, in: Münchner Stadtanzeiger, 1968, H. 4, S. 1 u. 3

Naherholungsraum und Naherholungsverkehr, ein sozial- und wirtschaftgeographischer Literaturbericht zum Thema Wochenendtourismus, Starnberg 1969

Geographie und Fremdenverkehr, in: Forsch.- u. Sitz.-berichte d. Akad. f. Raumforschung u. Landesplanung, Bd. 53, Hannover 1969, S. 89—102

Der Münchner Naherholungsraum, in: Raumforschung und Landesplanung, H. 14, München 1969

Der Naherholungsraum einer Großstadtbevölkerung, dargestellt am Beispiel Münchens, in: Informationen, 19. Jg., 1969, H. 2, S. 23—46

Der Naherholungsverkehr der Münchner — ein Beitrag zur Geographie des Freizeitverhaltens, in: Mitt. d. Geogr. Ges. München, Bd. 55, 1970, S. 31—44

Naherholungsraum und Naherholungsverkehr — Geographische Aspekte eines speziellen Freizeitverhaltens, in: Münchner Studien zur Sozial- und Wirtschaftsgeographie, Kallmünz/Regensburg 1970, S. 55—77

Zum Standort der Fremdenverkehrsgeographie, Versuch eines Konzepts, in: Zur Geographie des Freizeitverhaltens, Bd. 6 d. Münchner Studien zur Sozial- und Wirtschaftsgeographie, Kallmünz/Regensburg 1970, S. 9—36

Der Zweitwohnsitz im Freizeitraum — raumrelevanter Teilaspekt einer Geographie des Freizeitverhaltens, in: Informationen, 21. Jg., 1971, H. 6, S. 135—158

Wirtschafts- und sozialgeographische Aspekte des Naherholungsraumes „Region München", in: Arbeitsmaterialien d. Akad. f. Raumforschung u. Landesplanung, Landesarbeitsgemeinschaft Bayern, München 1971, S. 1—17

Die Ansprüche des industriell geprägten Menschen an die Freizeitlandschaft, in: Mitt. zur Beratung des Bayer. Staatsministeriums für Ernährung, Landwirtschaft und Forsten, H. 4, 1971, S. 18—23

Geographische Aspekte kommunaler Initiativen im Freizeitraum — Beispiele aus der Region München, in: Mitt. d. Geogr. Ges. München, Bd. 58, 1973, S. 19—37

Zur Naherholung der Bevölkerung im Fremdenverkehrsgebiet — ein Beitrag zu einer Allgemeinen Geographie des Freizeitverhaltens, in: Informationen, H. 17/1973, S. 383—398

Kommunale Initiativen im Freizeitraum, in: Natur und Landschaft, H. 11/1973, S. 314—318

Akad.-Rat Dr. J. Maier

Die Sitzplätze in Gaststätten — ein Indikator für Freizeit und Erholung?, in: Informationen, 23. Jg., 1973, H. 9, S. 179—192

Stichwort „Freizeit und Freizeitraum", in: Handbuch zur Didaktik, herausgegeben vom Institut für Didaktik human- und geisteswiss. Fächer in München, München 1973

Räumliche Aspekte von Freizeit und Erholung im bayerischen Alpenraum und -vorland, ein geographischer Beitrag zur regionalen Planung, in: Frankfurter Wirtschafts- und sozialgeographische Studien, Frankfurt 1974, im Druck

Dauercamping und Ferienzentren als spezielle Probleme der Freizeitwohnsitze, in: Schriftenreihe des Salzburger Instituts f. Raumforschung, Salzburg 1974, H. 1, S. 36—51

Freizeit und Freizeitplanung in München, Der Freizeitraum München, Vorstudie zum Stadtentwicklungsplan 1974 der Stadt München, München 1974

Das Olympia-Gelände auf dem Münchner Oberwiesenfeld, in: Luftbildatlas Bayern, hrsg. von H. Fehn, München 1973, S. 118/119

Probleme und Methoden zur sozialgeographischen Charakterisierung und Typisierung von Fremdenverkehrsgemeinden, in: Geograpical Papers, Nr. 1, Zagreb 1970, S. 145—154

Die Leistungskraft einer Fremdenverkehrsgemeinde, Modellanalyse des Marktes Hindelang/Allgäu, in: Bd. 3 d. WGI-Berichte zur Regionalforschung, München 1970

Methoden und Probleme von Fremdenverkehrsprognosen, in: Der Tourismus und seine Perspektiven für Südosteuropa, Bd. 6 der WGI-Berichte zur Regionalforschung, München 1971, S. 33—48

München als Fremdenverkehrsstadt — Geographische Aspekte des Freizeitverhaltens in einer Großstadt, in: Mitt. d. Geographischen Gesellschaft in München, 57. Bd., 1972, S. 51—91

Weekend-tourism as an indicator of urbanisation, in: Papers and Proceedings of the Intern. Geogr. Congress in Montreal/Canada, 1972, Bd. 2, S. 1187—1189

Development of leisure-time homes, in: Papers and Proceedings of the Internat. Geogr. Congress in Montreal/Canada, 1972, Bd. 1, S. 692—694

Zur Bewertung des landschaftlichen Erholungspotentials aus der Sicht der Wirtschafts- und Sozialgeographie, in: Zur Landschaftsbewertung für die Erholung, Forschungs- und Sitzungsberichte der Akad. für Raumforschung und Landesplanung, Bd. 76 (Raum und Fremdenverkehr 3), Hannover 1972, S. 9—20

Das Beherbergungsgewerbe in München — Entwicklung und Struktur, in: Industrie und Handel, München 1972, H. 23, S. 968—971 bzw. 1973, H. 1, S. 4—8

Mittel- und langfristige Planung im Tourismus: Raum — Verkehr — Angebot am Ort, in: Loccumer Protokolle, Freizeit und Planung, H. 15, 1970, S. 97—101

Landschaftswandel auf der Winklmoosalm, in: Luftbildatlas Bundesrepublik Deutschland, München-Neumünster 1972, S. 150/51

Freizeitwohnsitze als Basis für die Entwicklung der Ferienzentren an der Ostsee, in: Ferienzentren, Architektonische — psychologische — touristische Probleme, Studienkreis für Tourismus, Starnberg 1974, S. 195—206

Der Aspekt Freizeit innerhalb der städtebaulichen Bestandsaufnahme, in: Schriften des Bundesministeriums f. Raumordnung und Wohnungswesen, Bonn 1974, im Druck

Freizeitverhalten und Tourismus in Europa, in: Länder, Völker und Kontinente, Bd. I, hrsg. v. G. Fochler-Hauke, Gütersloh 1974, S. 306—311

Die Ferienzentren im Bayerischen Wald als neue Prozeßelemente der Kulturlandschaft, in: Mitt. d. Geograph. Ges. München, 59. Bd., 1974, S. 147—163

Akad.-Rat Dr. J. Maier und D. Stockburger

Raumordnungsstudie „Fremdenverkehrsgebiet Südostbayern", in: Schriften des Deutschen Wirtschaftswiss. Instituts für Fremdenverkehr an der Universität München, München 1970

Akad.-Rat Dr. J. Maier und Dr. W. Philipp

Die Berg- und Seilbahnen im Rahmen der Infrastrukturmaßnahmen für ein Fremdenverkehrsgebiet im Gebirge, in: Verkehr und Technik, H. 1, 1972, S. 23—26

Unter Leitung von Prof. Dr. K. Ruppert angefertigte Dissertationen zum Thema:
„Geographie des Freizeitverhaltens"

Brendel, R. Das Münchener Naherholungsgebiet im Bereich des Ammersees und des Starnberger Sees, eine sozialgeographische Studie, unveröffentlichte Dissertation München 1967

Danz, W. Aspekte einer Raumordnung in den Alpen, in: WGI-Berichte zur Regionalforschung, Bd. 1, München 1970

Maier, J. Die Leistungskraft einer Fremdenverkehrsgemeinde, Modellanalyse des Marktes Hindelang/Allgäu, in: Bd. 3 d. WGI-Berichte zur Regionalforschung, München 1970

Philipp, W. Seilbahnen und Lifte im Bayerischen Alpenraum, Wirtschaftsgeographische Aspekte freizeitorientierter Infrastruktur, in: Bd. 13 d. WGI-Berichte zur Regionalforschung, München 1974

Rosa, D. Der Einfluß des Fremdenverkehrs auf ausgewählte Branchen des tertiären Sektors im bayerischen Alpenvorland, ein Beitrag zur wirtschaftsgeographischen Betrachtung von Fremdenverkehrsorten, Bd. 2 d. WGI-Berichte z. Regionalforschung, München 1970